...und verkündet aller Kreatur...

Eine Führung durch die Basilika San Francesco in Assisi

Text von Thomas Freidel
Fotos von Stefan Diller,
Gerhard Ruf und Ghigo Roli

Kunstverlag Josef Fink

Oberkirche der Basilica San Francesco

Die Grabeskirche

Am 17. Juli 1228 legte Papst Gregor IX den Grundstein zum Bau der Grabeskirche für Franziskus von Assisi, dessen Heiligsprechung er am Tag zuvor gefeiert hatte.

Warum, so fragen heutige Besucher der Kirche oft, hat man dem armen Franziskus eine solch große und reich ausgestattete Kirche gebaut?

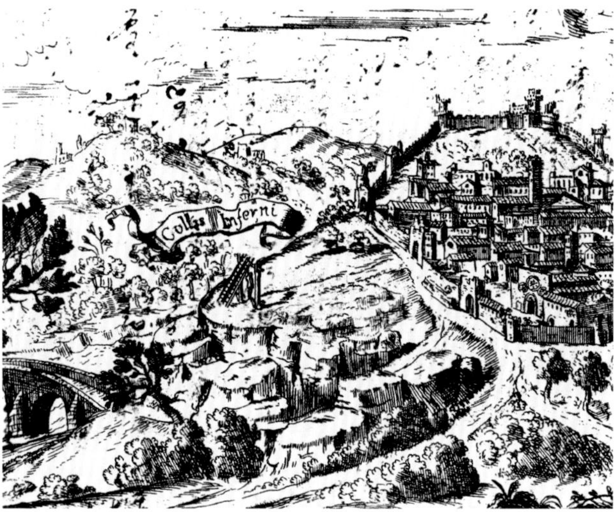

Schon zu Lebzeiten sah man in Franziskus einen Heiligen, einen Menschen, von dem man lernen konnte, was es heißt, als Christ zu leben. Der ehemals reiche Kaufmannssohn hat mit seiner radikalen Art das Evangelium zu leben, eine große Zahl von Menschen in seinen Bann gezogen; die von ihm begründete Gemeinschaft der Minderbrüder zählte bei seinem Tod bereits über 3000 Mitglieder. Entscheidend war die Unterstützung der Päpste, die in Franziskus und seinem neuen Orden ein wirksames Mittel für die Erneuerung der Kirche sahen.

Selbst in politisches Handeln verstrickt und mit großer Macht ausgestattet, erkannten sie das gewaltige Potenzial dieser neuen Bewegung, besonders für die Seelsorge in den aufblühenden Städten Europas.

So war es naheliegend, dass das Grab des Franziskus einen angemessenen Ort der Verehrung bekam, war es doch ohnehin im Mittelalter üblich, den vielverehrten Glaubensvorbildern große Grabeskirchen zu errichten. Der Bau der Basilika auf dem bis dahin Höllenhügel, nun aber Paradieseshügel genannten Abhang außerhalb der damaligen Stadtgrenzen Assisis ging rasch voran. Bereits 1230 konnte der Leichnam des Heiligen von seiner bisherigen Ruhestätte in der Kirche San Giorgio in die noch unvollendete Unterkirche übertragen werden.

Langhaus, 3. Joch Süd:
Giotto di Bondone, nach 1296:
Die Heiligsprechung des Franziskus

Durch das Langhaus der Unterkirche

Bei der Betrachtung des Langhauses der Unterkirche ist zunächst zu bedenken, dass wir hier in der eigentlichen Krypta stehen. Vor den Ergänzungen und Umbauten des 14. Jahrhunderts war das auch noch klarer erkennbar. Es handelt sich um ein einschiffiges Langhaus, der Fußboden lag etwa 40 Zentimeter höher als heute, der Altarraum war durch einen

Lettner abgetrennt, die Bestimmung des Raumes als Grablege war noch deutlicher als heute.

Der ursprüngliche Durchgang zum Grab des Heiligen durch den Lettner erinnerte viele Pilger an den Eingang zum Heiligen Grab in Jerusalem. Neben der Malerei wollte auch die Architektur auf seine Christusförmigkeit verweisen.

Das noch im romanischen Stil erbaute Langhaus der Unterkirche San Francesco

Die „moderne" Krypta

Das Grab des hl. Franziskus liegt unter dem Altar und ist in den Felsen eingemauert. Rund 600 Jahre lang war davon nur der Hauptaltar der Unterkirche sichtbar. Erst 1818 gab Papst Pius VII die Erlaubnis, das Grab freizulegen und so für alle Pilger sichtbar zu machen. Durch die Entfernung von Felsgestein und Erdreich wurde der Schacht unter dem Altar sichtbar, in den man den Steinsarkophag eingelassen

hatte, der nun über dem Altar sichtbar ist.

1824 wurde die neue Krypta eingeweiht. Sie ist eine würdige und einfach gestaltete Grabstätte. Hier ruht Franziskus inmitten einiger seiner ersten Gefährten. Ihre Gräber – und auch das der römischen Adligen Jacoba von Settesoli am Eingang der Krypta - wurden aus der Unterkirche hierher verlegt.

Die zum ursprünglichen Bauentwurf hinzugefügte Krypta der Basilica San Francesco

Das älteste Bildprogramm im Langhaus der Unterkirche

Etwa ab 1253 beginnt die Ausmalung des Langhauses der Unterkirche mit einem ersten Freskenzyklus aus der Werkstatt eines umbrischen Malers, des sogenannten "Franziskusmeisters".

Auf beiden Seiten des Langhauses werden in jeweils fünf Darstellungen die Passion Christi und Szenen aus dem Leben des hl. Franziskus einander gegenübergestellt. Die Pilger werden, vom Eingang der Kirche beginnend, einen Weg geführt, der am Grab des Heiligen zum Ziel kommt. Vor dem Erreichen dieses Ziels gilt es, die Christusförmigkeit des Franziskus aufzuzeigen.

Der Weg beginnt mit der Entkleidung Christi vor der Kreuzigung, der die Entkleidung des Franziskus bei seinem Verzicht auf Besitz und Erbe gegenüber entspricht.

Die Deutung der beiden mittleren Fresken führt den Betrachter in die zentralen Inhalte der Botschaft dieses Kirchenraumes. Auf der rechten Seite ist – trotz der Beschädigungen durch den späteren Einbau der Seitenkapellen – die Darstellung der Kreuzabnahme zu sehen. Dieses Bildmotiv war in der mittelalterlichen Malerei die eindrücklichste Vergegenwärtigung des Todes Jesu; erst nach dem Eintreten des Todes wurde der Leichnam vom Kreuz genommen. Wenn vom Tod Jesu die Rede ist, muss auch zugleich an seine Auferstehung gedacht werden. Der Tod kann im christlichen Sinn nicht für sich alleine stehen, er ist Hinübergang in ewiges Leben. Franziskus kann deshalb am Ende seines Lebens auch den Tod einen Bruder nennen, der ihm die Pforte zum Leben öffnet. Das Bild weist somit, theologisch gedeutet, auf Tod und Auferstehung Jesu hin, dem Zentrum der christlichen Glaubensbotschaft.

1. Joch Nord, Langhaus der Unterkirche: Meister von San Francesco, ca. 1260: Die Kreuzabnahme Christi

Gegenüber ist an der gleichen Stelle die Vogelpredigt gemalt. Diese wohl bekannteste Darstellung prägt das Franziskusbild vieler Menschen. Man sieht in ihm den Freund und Patron der Tiere, der Natur, der zur Bewahrung der Schöpfung aufruft. Das ist richtig so, aber es bleibt etwas verkürzt stehen.

Die genaue Betrachtung des Bildes führt weiter. Wir sehen Franziskus laufend, mit einem Buch in der Hand, der Schöpfung zugewandt. So verweist das Bild auf die Aussendung der Apostel (Mk 16,15), „geht hinaus in die ganze Welt und verkündet das Evangelium allen Geschöpfen". Es trifft genau das, was Franziskus eigentlich will. Er will nichts anderes als ein Christ sein, einer, der Christus nachfolgt, der ihm ähnlich werden möchte, der seinen Auftrag erfüllt. Und was es zu verkünden gilt, darauf verweist wiederum das gegenüberliegende Bild der Kreuzabnahme. Sein Tod und seine Auferstehung, das ist das Zentrum und die Bitte dieser Botschaft, für die Franziskus lebt, die er verkündet.

Die Zuwendung des Franziskus zur Schöpfung führt noch zu einem weiteren wichtigen Punkt. Er stellt sich wie jeder Christ die Frage nach Gott. Wer ist dieser Gott, an den Franziskus glaubt, den er verkündet? Eine grundlegende Spur zu ihm findet Franziskus in der Schöpfung. Wenn nach der Bibel Gott der Schöpfer der Welt und aller Dinge ist, dann heißt das doch, dass es eine Verbindung zwischen Schöpfer und Schöpfung gibt. Ich sehe also Gott selbst nicht, aber ich sehe das, was er geschaffen hat, die Schöpfung in ihrer Schönheit, Vielfalt und Größe. Über das Sichtbare findet Franziskus die Spur hin zum nicht Sichtbaren. Was er sieht, wird ihm zum Verweis auf Gott, der als Ursprung hinter allem steht. Franziskus vergöttert die Schöpfung nicht, sie ist ihm vielmehr Spur hin zu Gott, dem er somit immer und überall auf die Spur kommen kann.

2. Joch Süd, Langhaus der Unterkirche:
Meister von San Francesco, ca. 1260:
Franziskus predigt den Vögeln

·S·FRA

Der Altarraum der Unterkirche

Einige Jahrzehnte nach Erbauung der Kirche, also bereits nach 1300, erfährt der Innenraum der Unterkirche eine einschneidende Veränderung.

Der Lettner wird entfernt, die angebauten gotischen Seitenkapellen bringen mehr Licht in den Raum und bieten Platz für persönliches Gebet und die Gräber ihrer Stifter.

Der Fußboden des Langhauses wird tiefer gelegt, die Ausmalung der Altarraumes und der seitlichen Gewölbe fast vollständig erneuert. Im Gewölbe rechts vom Altar malt die Werkstatt des Florentiner Künstlers Giotto di Bondone (1266–1337) bei ihrem zweiten Aufenthalt in Assisi – die Ausmalung der Oberkirche ist schon einige Jahre beendet – die Kindheitsgeschichte Jesu.

Das Weihnachtsfest hatte in der damaligen Zeit noch nicht den heutigen Stellenwert, weder in der Liturgie der Kirche noch im Bewusstsein der Menschen.

Franziskus jedoch findet im Geheimnis der Menschwerdung seinen entscheidenden Zugang zu Gott, was er in der Christmette von Greccio 1223 eindrucksvoll szenisch vor Augen führt. Nicht genug des Wunders, dass Gott selber Mensch wird, nein, die Art und Weise dieser Inkarnation (Fleischwerdung) ergreift Franziskus: Das kleine Kind in der Krippe, wehrlos, schwach, auf Machtausübung und Größe verzichtend, so schenkt sich

Gott den Menschen. Er zeigt sich als der Liebende, der nichts anderes will, als sich verschenken, als andere in diese Liebesgemeinschaft zu rufen.

An Weihnachten lernt Franziskus: Gott lässt sich finden im Blick nach unten, dort wo man ihn gar nicht vermutet.

Wenn der Arme von Assisi seinen Orden später "Minderbrüder" nennen wird, so hat das hier, in dieser Gotteserfahrung von Weihnachten eine seiner Wurzeln.

Blick in die Vierung und das Südquerhaus der Unterkirche San Francesco

Cosmatenarbeit des ursprünglichen Bodens der Unterkirche (an der Apsis)

Die drei allegorischen Darstellungen in den Gewölben über dem Altar wollen die christlichen Grundhaltungen, aus denen Franziskus lebt, aufzeigen.

Ihren Abschluss finden sie im vierten Dreieckssegel, auf dem Franziskus – im kostbaren Diakonengewand – von den Engeln hinauf in die ewige Vollendung bei Gott getragen wird. Sein Lebensweg, ausgerichtet an den dargestellten Tugenden, ist vollendet in der Glorie des Himmels. Das soll durch das reichlich verwendete Gold zum Ausdruck kommen.

Dies dient nicht der Veranschaulichung von Prunk und Reichtum, sondern verweist auf die Größe und Schönheit Gottes, an der alle Menschen Anteil haben dürfen.

Zur Kindheitsgeschichte Jesu im rechten Gewölbe gewandt, sitzt die Allegorie der Castitas, der Keuschheit, in Gestalt einer jungen Frau im Turm eines festungsartigen Schlosses, wo sie beschützt und verteidigt wird. Mit ihr ist die wahre und echte Liebe gemeint, die rein und ungeteilt sein soll. Die Liebe, so zeigt uns eine Grunderfahrung unseres Menschseins, ist ein kostbares Gut, das behütet werden muss, das leicht verletzt oder zerstört werden kann. In der rechten Ecke werden die bösen Mächte verjagt, die die Liebe verletzen, ihr schaden wollen.

Links lädt Franziskus drei Personen ein, mit ihm diesen Weg der Liebe zu gehen. In ihnen sind die Vertreter der drei Orden zu erkennen; neben dem Bruder und der Klarissenschwester ein Laie als Vertreter des franziskanischen Weltordens (OFS).

Das Altargewölbe der Unterkirche mit den Allegorien des heiligen Franziskus, gemalt ca. 1315 von Giotto di Bondone und seiner Werkstatt

Der „Weltenrichter" auf dem Schlussstein der Vierung der Unterkirche

Pietro Lorenzetti, ca. 1320: Südquerhaus der Unterkirche: Passion und Kreuzigung Christi

Das Südquerhaus

Im Tonnengewölbe links vom Altar ist die Passion Christi dargestellt, etwa 1320 gemalt von der Werkstatt des Sieneser Meisters Pietro Lorenzetti (ca. 1300 - 1348). Die Szenen zeigen: Christus ist gehorsam bis zum Tod.

Giotto di Bondone, ca. 1315: Kuppel über dem Altar der Unterkirche: Allegorie des Gehorsams

Die Kuppel über dem Altar

Um diesen oft missverstandenen Begriff des Gehorchens geht es dann auch im Dreiecksegel links über dem Altar. In der Mitte des Gebäudes sitzt die Allegorie des Gehorsams, die mit dem Finger auf dem Mund Schweigen gebietet.

Doch dieses Schweigen bedeutet nicht einfach nur, den Mund zu halten, es bedeutet eigentlich Gehorchen, also horchen, hören auf das, was für mein Leben wichtig, hilfreich und förderlich ist, hören auf das, was Gott mir sagen will – er will mir ja den Weg zum Leben zeigen. Die Engel auf dem Dach halten die Schriftrollen in der Hand, das Evangelium ist das Wort, in dem Gott mir den Weg zum Leben weisen will.

Franziskus steht zwischen den Engeln, auf den Schultern das Joch, in das er richtig eingeschnürt ist; die Seile laufen hinauf in die Hände Gottes.

Er lässt sich führen von Gott, dessen Joch nicht drückt, dessen Last leicht ist, wie wir bei der Festmesse am Franziskustag immer aus dem Matthäusevangelium lesen. An der aufrechten Haltung des Franziskus ist zu sehen, dass dieses Joch ihn wirklich nicht drückt.

Glauben an Gott, sich von ihm führen lassen, in Gemeinschaft mit ihm leben, das alles soll nichts sein, was den Menschen zermürbt, krümmt oder niederbeugt. Im Gegenteil, im Hören auf Gott, in der Weggemeinschaft mit ihm, soll der Mensch, erhoben, aufgerichtet werden, zur vollen Würde und Größe seiner christlichen Berufung gelangen.

Das Dreieckssegel in der Mitte bezieht sich auf die Armut. Neben der Liebe und dem Hören auf Gott die dritte wichtige Grundhaltung franziskanischen Christseins. Hier ist es so gedeutet, dass sich Franziskus mit der Armut vermählt, mit ihr den Ring tauscht. Im ärmlichen, geflickten Brautkleid ist die allegorische Figur dargestellt.

Natürlich lebt Franziskus die Armut, weil Christus im Evangelium zum Verkauf des Besitzes rät (Mt 19,21), aber hier ist noch eine weitere Dimension aufgezeigt.

Das Fresko ist direkt über dem Altar gemalt, mit ihm somit besonders in Verbindung gebracht. Die Eucharistie, die hier gefeiert wird, war für Franziskus ein weiteres deutliches Zeichen dafür, wie Gott sich für die Menschen klein macht.

Seine Präsenz in den einfachen Gestalten von Brot und Wein sieht Franziskus als tiefsten Ausdruck der Demut Gottes, der sich hingibt für die Menschen. Der große, allmächtige Gott, gegenwärtig in einem kleinen Stück Brot. Die Nähe Gottes ist hier besonders erfahrbar, eines Gottes, zu dem ich mich nicht hocharbeiten muss durch Verdienste und Leistung, sondern der uns entgegenkommt, die Gemeinschaft mit den Menschen sucht.

Über dem Altar der Unterkirche:
Giotto di Bondone, ca. 1315:
Die Allegorie der Armut

SPES
PAUPTAS

Giotto di Bondone, Nordquerhaus der Unterkirche, ca. 1313: Die Geburt Christi

Das Nordquerhaus

Bei der Betrachtung des gesamten Altarraumes stehen diese drei Zeichen im Blickpunkt: das Kind in der Krippe, der Leidende am Kreuz und das Brot auf dem Altar. In diesen Zeichen Krippe, Kreuz und Altar hat Franziskus seinen ganz persönlichen Zugang zu Gott gefunden, zu einem Gott, der sich entäußert, sich hingibt, sich den Menschen schenkt, ihre Nähe sucht, in diesen Zeichen seiner Hingabe, seiner Demut, Armut und Liebe.

Man hat also hier über dem Grab des Franziskus die Eckpfeiler seines Christusverständnisses dargestellt, um den Menschen zu verdeutlichen und zu verkünden, was Christsein, was Christus-verbundensein im Geist des hl. Franziskus bedeutet.

Für den Christen ist das Grab ein Symbol der Hoffnung und Zuversicht. Durch seine Auferstehung aus dem Grab hat Christus dem Grab eine neue Sinnbedeutung gegeben. Das Grab ist für den Christen nicht Endstation, sondern Durchgangsstätte in eine neue Wirklichkeit, in neues und ewiges Leben bei Gott.

Das Grab des hl. Franziskus hat man aber in ganz bewusster Weise so gestaltet, dass es zum Ort der Verkündigung dieser Botschaft wird: Wir alle sind gerufen, im Evangelium Christus nachzufolgen, um am Ende dann durch den Tod hindurch in neues und ewiges Leben zu gehen. Franziskus ist mit seinem Lebenszeugnis und mit seiner Art und Weise des Christseins ein Beispiel dafür, wie dieser Weg in die Fülle des Lebens führt.

Sein Grab wird in ausdrücklicher Weise zum Ort des Lebens, zu einer Stätte der Hoffnung und Zuversicht für jeden, der hierher kommt. Der Ort des Grabes wird zum Ort des Lebens, das ist Sinn und Bedeutung dieses Ortes, die Botschaft des Grabes des hl. Franziskus.

Nordquerhaus der Unterkirche:
Giotto di Bondone und seine Schüler:
Die Jugendgeschichte Jesu

Das Langhaus der Oberkirche San Francesco

Das Langhaus der Oberkirche

Der gotische Baustil kommt aus Frankreich nach Italien, und in ihm spielt das Licht eine wichtige Rolle.

Für die Gelehrten des hohen Mittelalters war das Licht das Element, das Himmel und Erde verbindet, Gott und Menschen zusammenführt. Licht ist Zeichen für Leben, für Wahrheit und Erkenntnis. Durch neue Bautechniken kann man jetzt die Fenster größer machen, das Licht ganz gezielt hereinlassen; der Mensch soll sich nach oben, zum Licht und somit zu Gott hingezogen fühlen.

Durch das Licht wird auch die Botschaft der bemalten Fenster sichtbar. Die drei Fenster in der Apsis sind die ältesten figürlichen Glasmalereien Italiens, 1250 von französischen und deutschen Meistern angefertigt. Das Kirchengebäude ist Sinnbild für das himmlische Jerusalem, für die ewige Vollendung bei Gott, dem Ziel der irdischen Pilgerschaft des Christen.

Aus Anlass der Weihe des Altars der Oberkirche am 24. Mai 1253 wünscht Papst Innozenz IV. die Ausmalung des gesamten Kirchenraumes, was dann auch ab 1280 geschieht. Beauftragt werden die berühmtesten römischen und toskanischen Maler ihrer Zeit. Das zusammenhängende Konzept für die Ausmalung gründet in den theologischen Schriften des hl. Bonaventura von Bagnoregio (1221 bis 1274). In einer Zeit des Umbruchs und der Krise leitet er ab 1257 den Orden der Minderbrüder als siebter Nachfolger des hl. Franziskus. Bereits in jungen Jahren Professor in Paris zählt Bonaventura zu den führenden Theologen seiner Zeit.

Es gelingt ihm, den Orden nach innen zu einen, gegen Angriffe von außen zu verteidigen und ihm ein theologisches Grundprofil zu geben.

Langhaus der Oberkirche, 4. Joch Nord: Unbekannter Meister, letztes Viertel des 13. Jahrhunderts: Die Stigmatisation des Franziskus auf dem Berg La Verna

Die Franziskus-Vita, das Alte und das Neue Testament

Die Legenda Maior, die Beschreibung des Franziskuslebens wird zur prägenden Biografie des Gründers. Sie ist auch Grundlage für den Zyklus der 28 großen Fresken mit Szenen aus dem Leben des Heiligen an den Wänden der Oberkirche

– wohl überwiegend von der Werkstatt Giottos gemalt.

Das erste Mal in der Geschichte wird das Leben eines Menschen in solch großen Bildern dargestellt. Beginnen sollte man die Betrachtung jedoch mit der biblischen Erzählung.

Die Szenen aus Altem und Neuem Testament oberhalb des Franziskuszyklus bilden die thematische Grundlage. Die Erklärung der drei ersten und letzten Bilder im Langhaus soll das verdeutlichen. Am Anfang steht die Erschaffung der Welt in der oberen Reihe der Nordwand. Gott ist Ursprung und Schöpfer, aus seiner Hand kommt alles Leben.

In ihrer typologisch geprägten Denkweise liebten die Theologen des Mittelalters die Gegenüberstellung von alt- und neutestamentlichen Ereignissen, gemäß dem Grundsatz, dass das Alte Testament gleichsam den Schatten des neuen Bundes zwischen Gott und den Menschen bildet, jenes Bundes, dessen Verheißungen sich im Neuen Testament erfüllen. So ist Gott nicht nur der Schöpfer, sondern auch der Erneuerer des Lebens, was eine Steigerung bedeutet. Wann beginnt nun aber diese Erneuerung des Lebens?

Gegenüber, an der gleichen Stelle auf der Südwand, ist die Verkündigung des Engels an Maria, also der Augenblick der eigentlichen Menschwerdung Gottes, zu sehen. In der Person Jesu Christi wird er Mensch, ohne seine Gottheit zu verlieren, er begibt sich ganz bewusst in diesen Spannungsbogen um uns Menschen seine Liebe zu zeigen.

Dass Gott selbst als Mensch in die Welt eintritt, schmälert nicht die Freiheit des Menschen, sondern erhebt ihn in seiner Würde, Anteil an Gott und die Verheißung ewigen Lebens zu haben.

Langhaus der Oberkirche, 1. Joch Süd:
Jacopo Torriti, ca. 1288–1290:
Die Erschaffung der Welt

Gegenüber wird in der mittleren Reihe Noah gezeigt, wie er die Arche erbauen lässt. Noah ist gerecht und kommt deshalb zu neuem Leben.

Da Gott aber nicht nur neues, sondern mehr noch ewiges Leben schenken will, deshalb ist auf der Südseite an benachbarter Stelle das Bild der Hochzeit zu Kana zu sehen, als Einleitung zur Passion Jesu nach dem Johannesevangelium.

Das ewige Leben, so sagt es bereits der für Bonaventura sehr prägende Kirchenlehrer Augustinus, ist vergleichbar mit einem festlichen Hochzeitsmahl, wo Gott und Mensch an einem Tisch vereint sind. Im ersten Wunder Jesu, der Wandlung von Wasser in Wein, sah man ein Vorausbild für dieses Festmahl des ewigen Lebens.

Wie der Wein durch Pressung und Vergärung der Trauben entsteht, so geht der Mensch durch den Tod hindurch in neues und ewiges Lebens – der Wein ist somit ein Sinnbild dafür, dass im Sterben neues Leben beginnt.

oben: Langhaus der Oberkirche, 1. Joch Süd: Jacopo Torriti, ca. 1288–1290: Das Mahl zu Kanaa

rechts: 1. Joch Nord, Giotto di Bondone, nach 1296: Szenen aus dem Leben des hl. Franziskus

Jeder Mensch aber hat in sich diese Sehnsucht nach Leben, nach glücklichem, erfülltem, ewigem Leben.

Was tut nun der Mensch, dem diese Sehnsucht bewusst wird? Er wird nicht sitzenbleiben und abwarten, sondern vielmehr losmarschieren, sich auf den Weg machen. Die Sehnsucht ist die Kraft, die den Menschen in Bewegung bringt. Folgerichtig beginnt der Franziskuszyklus nicht mit der Geburtsstunde des Heiligen – es geht hier ja nicht um die Nacherzählung seiner Lebensgeschichte.

Wir sehen ihn vielmehr als jungen Mann in weltlicher Kleidung, über die Piazza seiner Heimatstadt schreitend, von einem einfältigen Mann mit einem ehrenden Empfang bedacht.

Franziskus macht sich auf einen Weg, von dem er noch nicht genau weiß, wohin er führen wird.

Der Minervatempel in der Mitte weist eine Besonderheit auf. Er hat keine Tür und vergitterte Fenster, denn das Stadtgefängnis war damals dort untergebracht – das verschlossene Gefängnis, so könnte man die etwas verborgene Aussage des Bildes auf den Punkt bringen.

Langhaus der Oberkirche, 1. Joch Nord:
Giotto di Bondone, nach 1296:
Ein Mann huldigt Franziskus

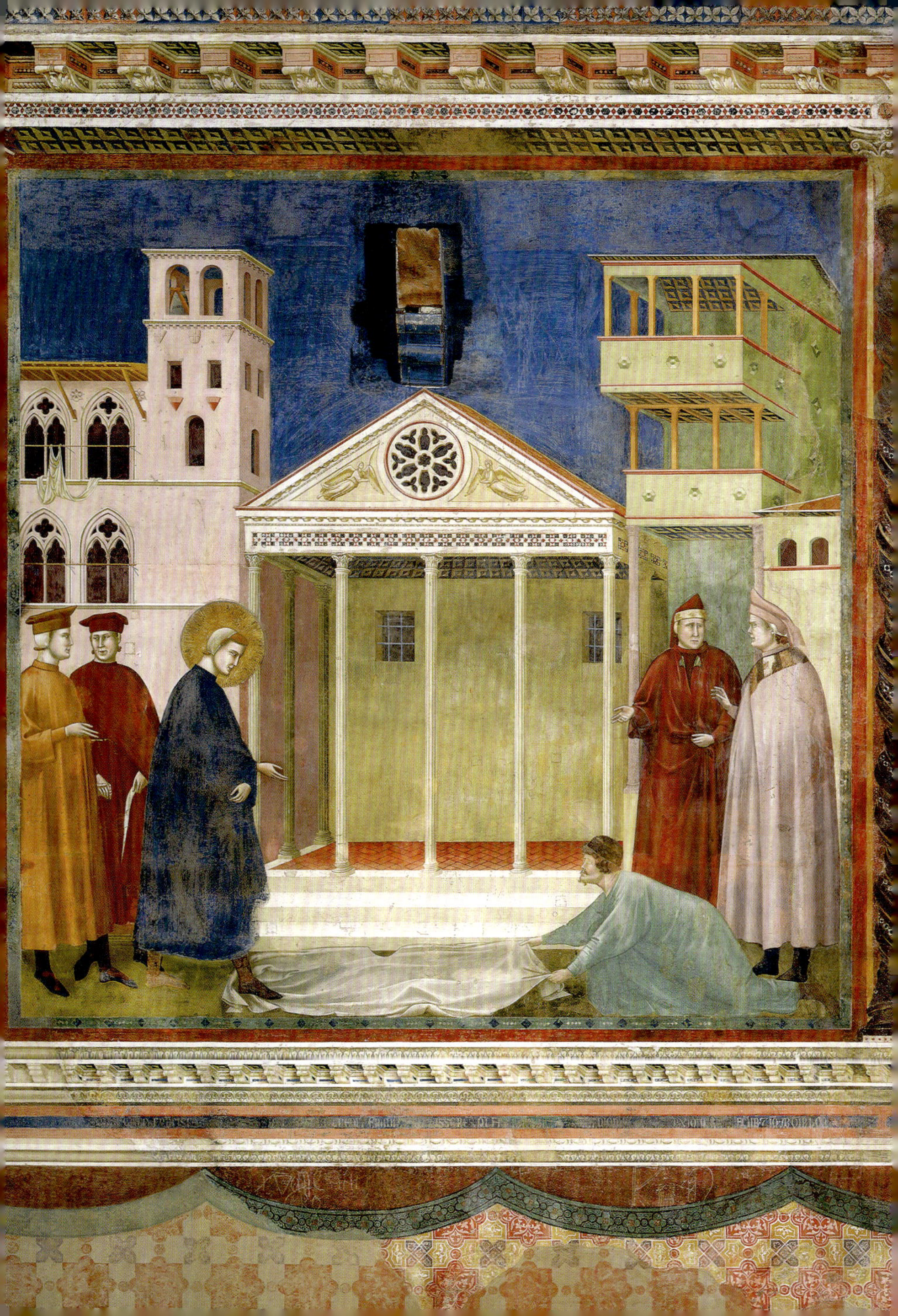

Gegenüber schließt der Zyklus mit einem Wunder, das sich auf die Fürsprache des Franziskus hin nach seinem Tod in Rom ereignet hat.

Ein Gefangener wird befreit, die Tür des Kerkers ist aufgebrochen, der Mann tritt ins Freie mit den gelösten Fesseln in der Hand, an den Beinen erkennt man die Spuren der Ketten.

Der Vergleich mit dem Fresko gegenüber zeigt nun das verschlossene Gefängnis am Anfang und den aufgebrochenen Kerker am Ende.

In beiden Bildern lässt sich der Kern der inhaltlichen Botschaft der gesamten Ausmalung der Oberkirche erkennen: Es geht um die Befreiung zum Leben.

Grundgelegt ist dieser Weg der "Theologie der Befreiung" in den biblischen Szenen im Obergaden, wo das im Alten Bund Begründete im Neuen Testament seine Erfüllung findet. Im Lebens- oder besser Glaubensweg des Franziskus ist in einzigartiger Weise neu sichtbar geworden, wie dieser begründet sein muss und wo am Ende sein Ziel ist.

Der Weg in den Fußspuren Jesu führt durch den Tod hindurch in neues und ewiges Leben. Nicht der Tod bildet den Abschluss, sondern der aufgebrochene Kerker, ein Bild aus der Philosophie Platons, das auf Ausbruch aus Dunkelheit und Nacht in Licht und neues Leben verweist, ein Symbol für die Auferstehung. Im Bild dieses römischen Kerkers wird gleichsam an die Osterbotschaft erinnert, die die Kirche in ihrem alten Hymnus besingt: "Lamm Gottes, wahres Opferlamm, durch das der Hölle Macht zerbrach, den Kerker hast du aufgesprengt, zu neuem Leben uns befreit." Der gemalte Vorhang unter dem Franziskuszyklus vermag die Gedanken der Betrachter weiter zu beflügeln. An seiner Stelle könnte eigentlich unsere persönliche Lebens- und Glaubensgeschichte gemalt werden.

Denn im Geist und nach dem Beispiel des Franziskus sind alle eingeladen, ihren je eigenen Weg in dieser Welt zum Ziel, der Fülle des Lebens, zu gehen.

Langhaus der Oberkirche, 1. Joch Süd:
Giotto di Bondone, nach 1296:
Die Befreiung des Häretikers Petrus von Alife
aus dem Kerker

Die Szenen aus dem Alten Testament

Die „Erschaffung Evas" nennt die Kunstgeschichte das linke Bild in der oberen Reihe des zweiten Jochs an der Nordwand des Langhauses. Das Bild verweist jedoch auf einen viel tieferen, weiterführenden Sinngehalt.

Gott und Mensch sind sich hier sehr ähnlich, sie sind in liebender, vertrauter Gemeinschaft zu sehen, sozusagen im unversehrten Urzustand.

Das Bild verweist auf den Ursprung des Menschen im jüdisch-christlichen Glaubensverständnis. Gott hat uns nach seinem Bild und Gleichnis erschaffen, jeder Mensch ist einzigartig, unwiederholbar.

Das menschliche Leben, so will es das Bild gleichsam ausdrücken, hat im Prinzip keinen Wert, denn ein Wert ist veränderlich – er kann steigen oder fallen wie die Aktien an der Börse. Der Mensch besitzt eine Würde, die ihm niemand nehmen kann, sie ist begründet in seinem Ursprung, in der Gottesebenbildlichkeit.

Gott hat uns Menschen aus Liebe erschaffen, und deshalb sind wir frei, unseren Weg zu gehen. Wahre Liebe hat immer mit Freiheit zu tun, nie mit Zwang, Druck oder Gewalt.

In Freiheit sind wir Menschen nun gerufen, diese freie Verbindung zum Ursprung, zu Gott, wieder aufzunehmen. Es ist das, was wir Glauben nennen. Deshalb ist nun direkt unter diesem Fresko Abraham zu sehen, die große Glaubensgestalt darf hier wahrlich nicht fehlen. Abraham, der aufbricht und loszieht (Gen 12,1) in neues und unbekanntes Land; er kennt den Weg nicht, aber er hat das Ziel im Blick. Auf die Verheißung Gottes hin kann er diesen Weg gehen, auch wenn dieser nicht immer einfach ist. Er wäre gar bereit gewesen, seinen Sohn zu opfern; Gott erkennt seinen Glauben, sein Vertrauen in diese Verheißung.

Das Vertrauen im Blick auf das Ziel hin ist es, was Abraham den Weg zum Leben zeigt.

Langhaus der Oberkirche, 2. Joch Nord:
Römischer Meister, ca. 1288–1290:
Die Erschaffung Evas

Die wichtigsten Momente im Leben des hl. Franziskus

Unter dieser starken Glaubensgestalt des Abraham setzt sich nun der Umkehrweg des Franziskus fort.

Wir sehen ihn betend in San Damiano, der kleinen, zerfallenen Kapelle draußen vor der Stadt.

Es ist ein typisches Phänomen in seinem Leben: Die entscheidenden Dinge entdeckt Franziskus immer dort, wo sonst kein anderer hingeht. Niemand interessiert sich für dieses ruinöse Kirchlein in einer Zeit, in der man droben in der Stadt gerade den neuen Dom erbaut. Franziskus macht gerade hier jedoch eine entscheidende Erfahrung.

Im Gebet vor dem Kreuz wird ihm bewusst, was dieses Zeichen eigentlich zu sagen hat.

Es ist Ausdruck der Hingabe, der Barmherzigkeit, der grenzenlosen Liebe Gottes zu den Menschen. Ja, wirklich, Gott hat sich für uns selber zum Armen gemacht; ist uns nahe, gerade auch in der Erfahrung des Leidens, der Dunkelheit. Denn er hat diese Nacht des Leidens überwunden im Licht seiner Auferstehung; beides kommt in der Gestaltung des Kreuzes von San Damiano zum Ausdruck.

Die Begegnung mit "Christus auf Augenhöhe" (vgl. N. Kuster, M. Kreidler-Kos) kann für Franziskus aber nur deshalb fruchtbar werden, weil er vorher in der Begegnung mit den Aussätzigen, den Ausgestoßenen vor der Stadt lebte und dabei die entscheidende Erfahrung seines Lebens macht.

Erstmals überwindet er seine Selbstzentriertheit und seinen Egoismus, in der Zuwendung zu den Armen findet er den Weg zum anderen, wird er offen für die Begegnung mit Gott.

Langhaus der Oberkirche, 2. Joch Nord:
Giotto di Bondone, nach 1296:
Franziskus hört in San Damiano:
„Gehe hin und stelle mein Haus wieder her..."

Das ist auch die Voraussetzung für den nächsten Schritt, dargestellt im mittleren Fresko. In der spektakulären Prozess-Szene vor dem Bischof krempelt der reiche Kaufmannssohn sein Leben um. Franziskus verzichtet auf Besitz und Erbe, er wechselt hier zwei wichtige Dinge, die Kleidung und die Blickrichtung.

Sein Blick geht nicht zu seinem irdischen Vater, sondern hinauf zum himmlischen Vater. Der irdische Vater will Franziskus festhalten, besitzen, nur mit Mühe kann man ihn vor Gewaltanwendung zurückhalten. Der himmlische Vater hingegen offenbart sich sehr dezent und unaufdringlich – in der segnenden Hand aus den Wolken; man muss schon ganz bewusst hinschauen, um sie wahrzunehmen. Tatsächlich, Gott bleibt sich selber treu, er drängt sich nicht auf. Wie er einst die ersten Menschen aus Liebe in Freiheit erschaffen hat (wie oben betrachtet) so lässt er jeden Menschen aus Liebe in Freiheit seinen Weg gehen, im Blick auf seine Würde, seinen Ursprung in Gott selbst.

Glauben, so ist es hier verdeutlicht, heißt wohl nichts anderes als in freier Entscheidung die Blickrichtung zu wechseln, auf das Ziel hin, das Gott selber ist.

Franziskus ist mit dieser Entscheidung in guter Gesellschaft. Wenn man seine Blickrichtung weiter nach oben hin fortführt, dann gelangt man wieder schräg hinauf zu Abraham. Beide sind sich sehr ähnlich, sie tun dasselbe, das, was jeder Glaubende tut. Glauben heißt immer Aufbrechen, Losziehen in neues und unbekanntes Land; der Weg ist ungewiss, aber das Ziel ist klar. Das Ziel ist Gott selbst mit seiner Verheißung des Lebens. Diese Verheißung gilt jedem, der sich auf diesen Glaubensweg begibt. Der Weg ist möglich, auch wenn er nicht immer einfach ist, doch er ist möglich im Blick auf das Ziel hin – dahin bricht Franziskus auf.

Langhaus der Oberkirche, 2. Joch Nord:
Giotto di Bondone, nach 1296:
Die Lossagung vom leiblichen Vater

Mit den ersten Gefährten, die so leben wollen wie er, zieht Franziskus 1209 nach Rom zu Papst Innozenz III.

Der Papst, so erzählt es die Lebensbeschreibung Bonaventuras, sei am Anfang noch etwas skeptisch gewesen, was

denn diese neue Brudergemeinschaft eigentlich wolle.

Im Traum sieht Innozenz die vom Einsturz bedrohte Lateranbasilika und Franziskus, der die Kirche stützt und sie so vor dem Zusammenbruch bewahrt.

Wie Franziskus die Kirche stützt, ist gut zu erkennen: Er tut es von innen. Er geht hinein in die Kirche, steht auf ihrem Boden und verleiht ihr Halt – ohne technische Hilfsmittel, allein durch seine Person. Er bleibt also nicht vor der Tür stehen, als interessierter, aber doch distanzierter Kritiker, der genaue Ratschläge dafür hat, was die Kirche tun oder lassen solle.

Vielmehr erneuert er die Kirche von innen durch das eigene Glaubens- und Lebenszeugnis. Warum, so könnte man an dieser Stelle fragen, warum tut er das eigentlich? Es ist ja nicht gerade immer ein Vergnügen, diese Kirche zu stützen.

In San Damiano hat Franziskus die Kirche erlebt als einsturzgefährdete Baustelle, die der Erneuerung bedarf und von der Unzulänglichkeit der Menschen geprägt ist, in der sich aber Gott dem Suchenden offenbart.

Durch diese Erfahrung versteht Franziskus nun auch sein eigenes Leben besser, das ja auch einer Baustelle gleicht, von Dunkelheit geprägt ist und ebenfalls der Erneuerung bedarf. Im umfassenden Sinne wird ihm hier bewusst: In der Baustelle der Kirche und meines eigenen Lebens, in der Bruchstückhaftigkeit und Unvollkommenheit unseres irdischen Daseins, genau da kann ich mit Gott neu beginnen, genau dort ist er mir besonders nahe, er, der sich am Kreuz mit den Dunkelheiten meines Lebens verbündet hat – und der über das Dunkel hinaus in seiner Auferstehung den Weg zum vollendeten Leben geöffnet hat.

Die persönliche Verbindung zu Gott, sie festigt und klärt sich für Franziskus hier, deshalb stützt und erneuert er diese Baustelle Kirche; er tut es nicht, damit eine alte Tradition weiterbesteht, sondern weil es ihm ums Leben geht und er den Gott seines Lebens hier findet.

Langhaus der Oberkirche, 3. Joch Nord:
Giotto di Bondone, nach 1296:
Papst Innozenz III. segnet Franziskus
und seine Regel

Die Botschaft der Innenfassade

Die Basilika ist Richtung Westen gebaut, doch bleibt Osten für uns Menschen die wichtige Richtung; wir orientieren uns zum Orient, also nach Osten hin, denn die Erfahrung lehrt uns, zum Licht, das von Osten kommt zu schauen, um den Weg zu finden. Die große Fensterrosette an der Ostwand ist ein Sinnbild für dieses Licht,

das Gott selber ist. Er, der auferstandene Christus, weist den Weg zum Leben.

Die Szenen von der Geistsendung an Pfingsten und der Aussendung der Jünger bei der Himmelfahrt Christi zeigen die biblische Grundlage auf. Durch den Geist Gottes gestärkt sind alle gerufen zum Zeugnis, zur Verkündigung.

Diese frohe Botschaft von Gottes Liebe, sie soll hinausgetragen werden in die Welt. Franziskus ermutigt dazu auf die für ihn typische Weise.

Das Bild der Vogelpredigt (Seite 13) ist hier nochmals zu sehen. Franziskus erfüllt den Auftrag Jesu der Verkündigung, doch seine Hinwendung zu den Geschöpfen ist zugleich eine Hinwendung zu Gott, denn die Schöpfung ist Spur, die zu dem Geheimnis, das wir Gott nennen, hinführt. Er selber ist schon dort draußen, wohin wir jetzt gehen.

Der hl. Bonaventura spricht von drei Büchern, durch die sich Gott finden lässt. Im Buch der Schöpfung zeigt er eine Spur hin zu sich, im Buch der Heiligen Schrift spricht er sein in Jesus Christus menschgewordenes Wort. Im Buch des Lebens aber wohnt er in uns Menschen und schenkt uns diese Sehnsucht nach Leben, die Kraft, die uns auf den Weg leitet, der letztlich hinführt zu Gott.

Nichts anderes hat Franziskus in seinem Leben getan. Er hat das Buch seiner Sehnsucht nach Leben weit geöffnet, ist seinen Lebens- und Glaubensweg gegangen, der uns hier an seinem Grabesort vor Augen steht.

Es ist eine ermutigende Botschaft an jeden, es genauso zu tun und den eigenen Weg der Sehnsucht zu gehen. Franziskus ist ein Zeuge dafür, dass dieser Weg sich lohnt, dass er ins Licht, in die Fülle des Lebens führt.

Kehren wir nochmals zurück an den Anfang. Der Ort des Grabes wird zum Ort des Lebens. Also dort, wo scheinbar alles zu Ende ist – das Grab ist ja Sinnbild für Tod, Abschied und Trauer –, genau dort setzt diese Botschaft an, die Franziskus in seinem Leben so glaubwürdig bezeugt und verkündet hat. Die Botschaft der Hoffnung und Zuversicht sagt uns, dass unser Leben in Gott seinen Urspung und sein Ziel hat, dass das Leben siegt über Dunkelheit und Tod.